Illustrations de

Lulu Mayo

COMMENT DESSINER UNE LICORNE & AUTRES ANIMAUX MIGNONS

Textes de Sophie Schrey

Traduit de l'anglais par
Brigitte Quentin

EYROLLES

UN MOT DE LULU

J'espère que tu auras autant de plaisir
à utiliser ce livre que j'en ai eu à le faire.
Il est plein d'animaux incroyablement mignons,
bizarres et amusants, mais superfaciles
à réaliser. Il suffit de dessiner des traits
et des formes très simples en suivant cinq
étapes. Tu peux bien sûr mélanger formes
et couleurs pour créer tes propres animaux
et développer ton propre style.
Et souviens-toi : si la licorne est unique,
ton imagination l'est aussi !

LULU MAYO

LES ÉTAPES

Pour chaque animal, les instructions pas à pas sont très claires et faciles à suivre.

Pour démarrer, le mieux est de tracer les contours de la tête et du corps. Utilise un crayon pour ce premier dessin.

1.

Des lignes en pointillé gris montrent les formes simples qui constituent l'animal.

2.

3.

Ajoute tous les éléments, puis gomme les traits au crayon devenus inutiles.

4.

Si tu le souhaites, repasse les contours au stylo.

5.

Pour finir, ajoute de la couleur

MAINTENANT, PRENDS TON CRAYON ET DESSINE !

LAMA

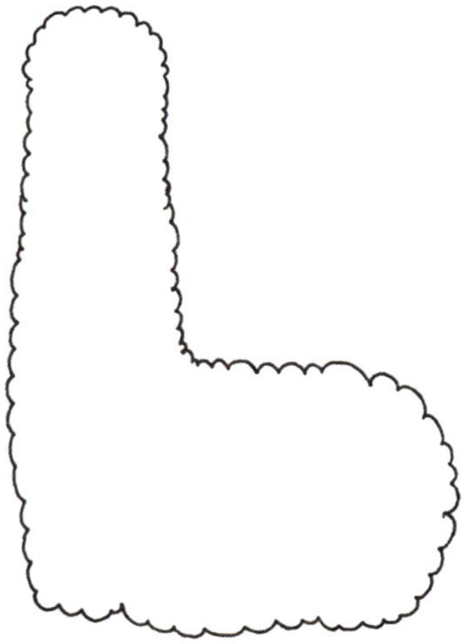

1. Dessine un L majuscule aux contours frisés.

2. Esquisse un cercle frisé pour le visage, puis les yeux, un nez en forme de cœur et la bouche.

3. Fais des oreilles en forme de banane et une queue frisée.

4. Trace quatre triangles frisés pour les pattes.

5. Termine en ajoutant un motif d'inspiration inca.

Dessine ici ton propre lama.

Le lama est une vraie star ! Tu peux te lâcher et inventer plein de motifs et d'accessoires amusants. En dessinant des formes plus courtes, tu obtiendras un alpaga, une sorte de petit lama.

PARESSEUX

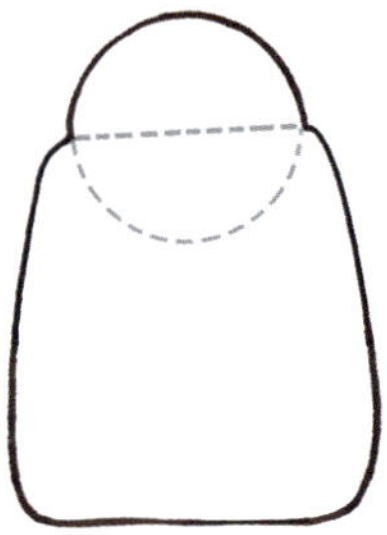

1. Trace un rond et un rectangle.

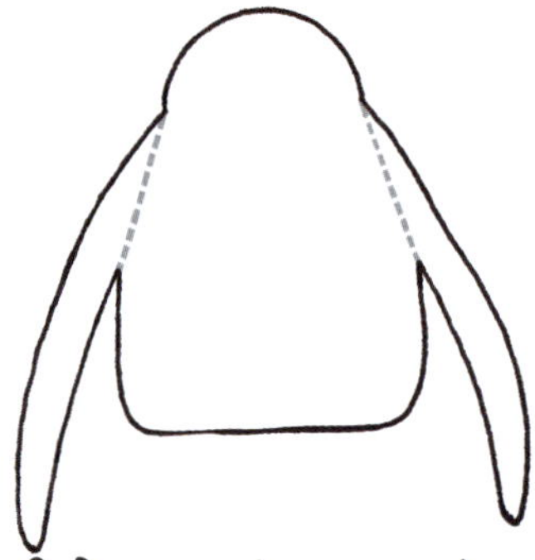

2. Dessine deux grandes saucisses pour les bras.

3. Ajoute deux triangles étroits pour les pattes et des petits traits pour les orteils.

4. Fais un visage en forme de cœur et une expression mignonne.

5. Termine avec un vêtement rigolo, si tu le souhaites.

Dessine ton paresseux.

Ajoute d'autres paresseux tout doux et mignons dans l'arbre.

SOURIS

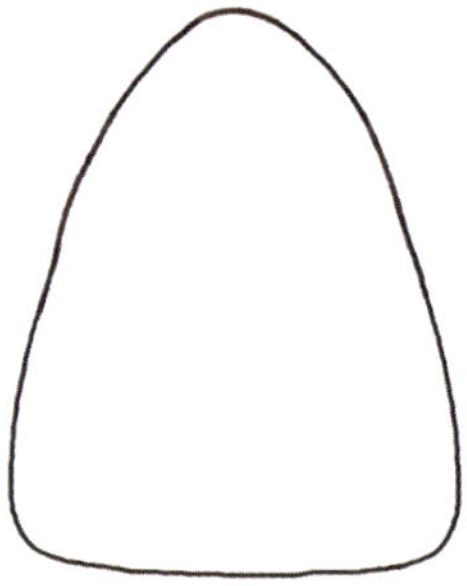

1. Dessine un triangle
aux pointes arrondies.

2. Fais des ronds pour les oreilles, les yeux,
le nez et une courbe pour la bouche.

3. Esquisse des ovales pour les bras
et des triangles pour les pieds.

4. Dessine une longue queue courbe,
un chapeau et des chaussures.

5. Termine le costume.

Dessine ta souris.

En utilisant ces formes, dessine d'autres minisouris en train de danser.
N'oublie pas leur chapeau et leur queue.

FLAMANT ROSE

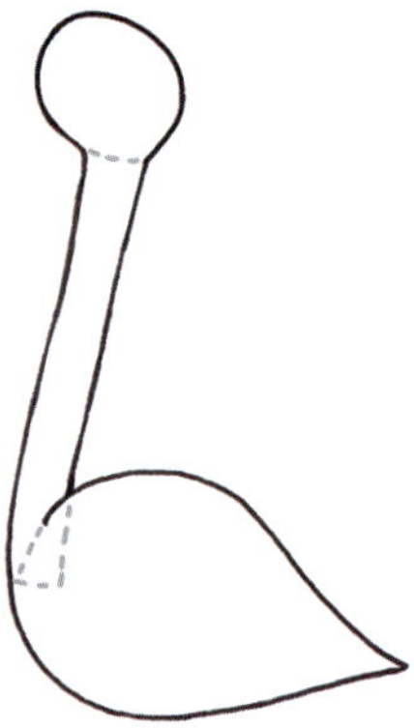

1. Trace un rond, un rectangle allongé et une forme en goutte d'eau.

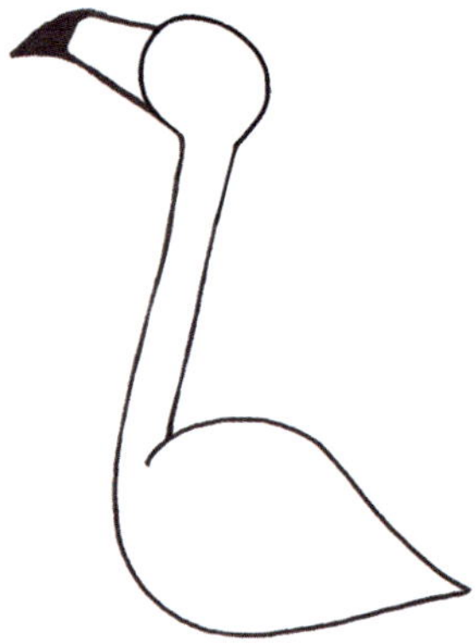

2. Dessine un rectangle et un triangle pour le bec.

3. Ajoute un œil, un sourcil et des plumes en forme de cœur.

4. Fais un chapeau, un nœud papillon et des bâtons pour les pattes.

5. En rose, il est encore plus joli.

C'est à toi.

Dessine plusieurs flamants roses en vol.

OURS

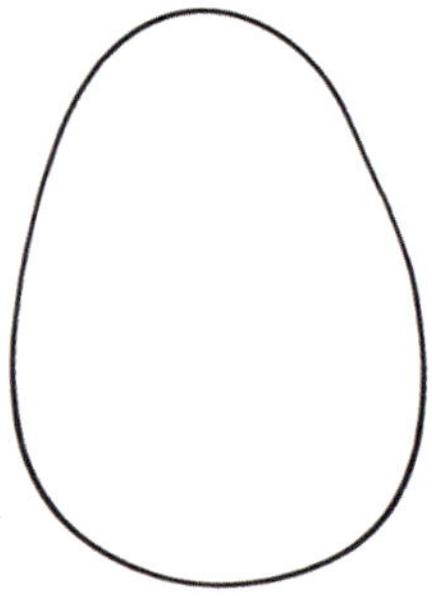

1. Trace un ovale.

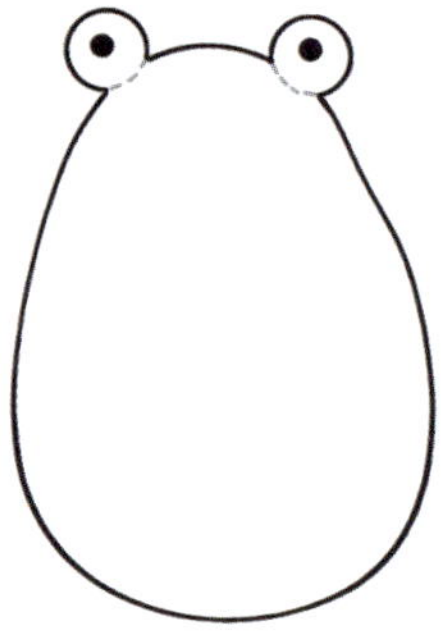

2. Fais des ronds pour les oreilles.

3. Dessine le visage et quatre triangles arrondis pour les bras et les jambes.

4. Ajoute un chapeau et un pantalon rayés.

5. Pour la fourrure, ajoute de la couleur et de la texture.

Dessine ton ours.

Dessine ci-dessous tes ours préférés.
Utilise le petit triangle pour l'ours à miel et le grand pour l'ours polaire.

Ours malais

Ours polaire

Ours à miel

LICORNE

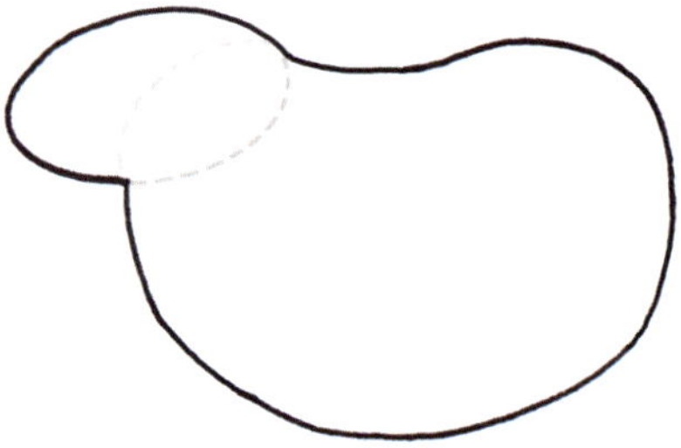

1. Dessine une forme
de haricot et un ovale.

2. Fais un ovale pour l'oreille
et quatre autres pour les pattes.

3. Trace un cône rayé pour
la corne et une crinière frisée.

4. Ajoute un point pour l'œil,
le nez et une queue bouclée.

5. Colorie.

C'est à toi.

Utilise ces formes pour dessiner d'autres licornes.

Licorne musicienne

MANCHOT

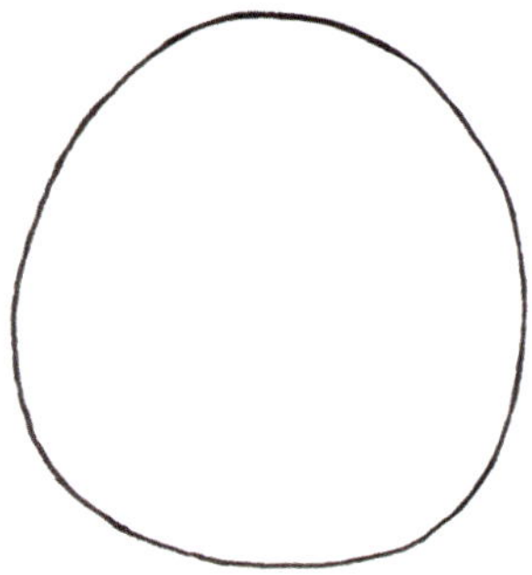

1. Trace un cercle.

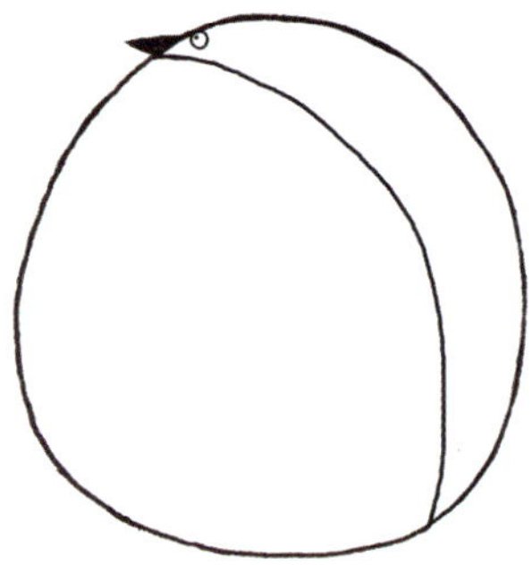

2. Dessine l'œil, le bec et une courbe pour marquer le dos.

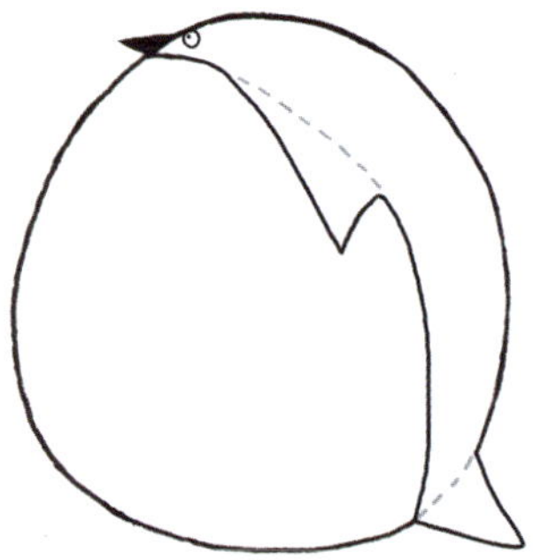

3. Fais des triangles pour la nageoire et la queue.

4. Esquisse une frange hérissée et un pied pointu.

5. Termine avec la couleur. C'est un manchot à aigrette.

Dessine un manchot bien grassouillet.

Utilise différentes formes de base pour dessiner
autant de sortes de manchots que tu veux.

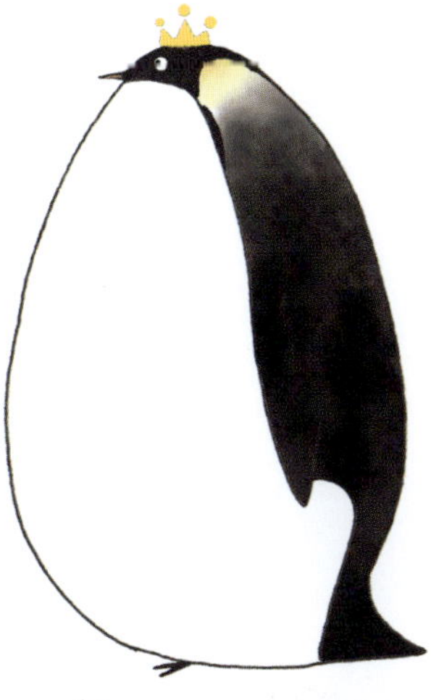

Manchot empereur

Manchot royal

Manchot papou

CHAT

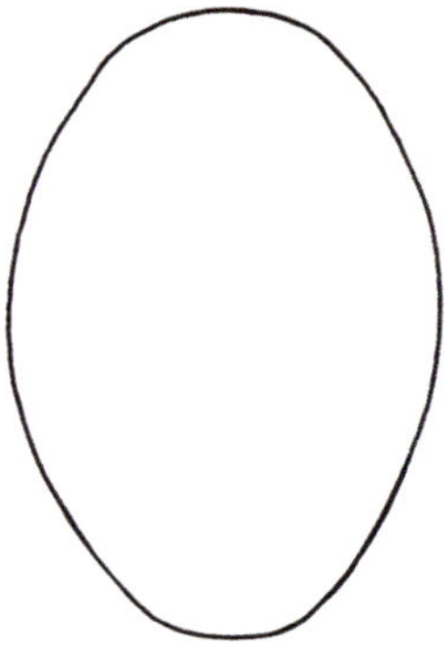

1. Fais un ovale.

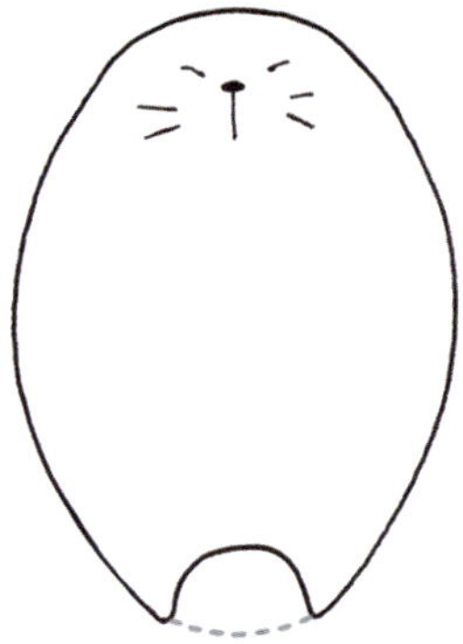

2. Dessine les yeux, le nez, les moustaches et un demi-cercle pour former les pattes.

3. Esquisse des triangles pour les oreilles.

4. Ajoute la queue et un chapeau.

5. Colorie-le pour qu'il ronronne de plaisir.

Dessine ton chat.

Remplis cette page de chats chapeautés.
Pourquoi pas un birman avec un bonnet ou un siamois avec un sombrero ?

CASTOR

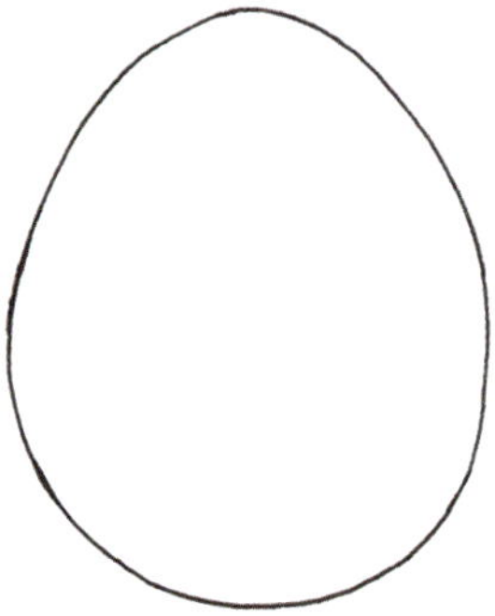

1. Dessine le corps
en forme d'œuf.

2. Fais les oreilles, les yeux, le nez, les dents
et un double menton avec deux courbes.

3. Trace deux ovales pour les bras
et des traits pour les griffes.

4. Ajoute des pieds palmés, un ovale pour
la queue et un chapeau avec une brindille.

5. Colorie et dessine-lui
quelque chose à grignoter.

Dessine ton propre castor.

Dessine une famille de castors affairés.
Trace un rond pour réaliser un bébé castor supermignon et bien dodu !

HIBOU

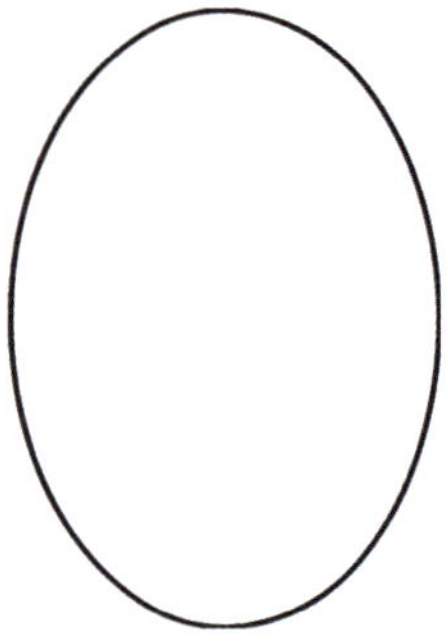

1. Trace un ovale.

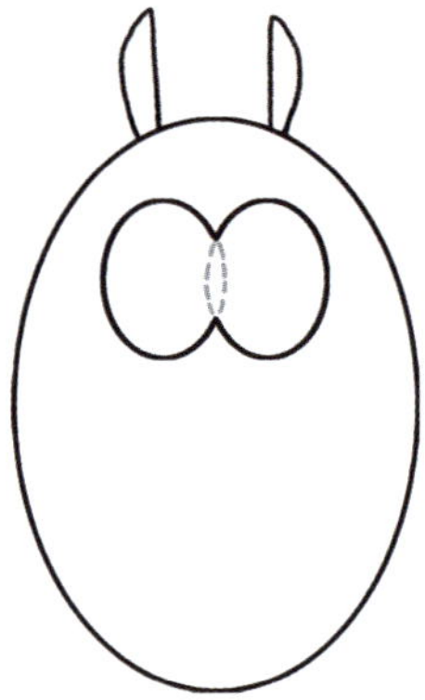

2. Dessine de longues oreilles et deux ovales pour le visage.

3. Fais une aile en forme de cœur.

4. Ajoute les yeux, le bec, les pattes et un trait ondulé au niveau du cou.

5. Colorie les plumes.

C'est à toi!

Remplis cet arbre de mignons hiboux et de chouettes.

SINGE

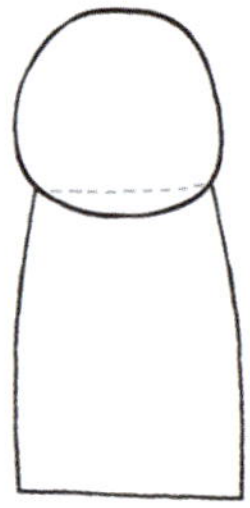

1. Trace un rond et un rectangle.

2. Fais des oreilles poilues
et trois cercles pour le visage.

3. Ajoute les yeux, le nez et quatre ovales
allongés pour les bras et les jambes.

4. Dessine une longue queue.

5. Colorie et habille-le
de vêtements chics.

À ton tour d'essayer.

Dessine une troupe de singes malicieux jonglant avec des bananes. Essaie de varier leur forme. Dessine un singe avec un corps tout rond et un autre avec une queue rayée, par exemple.

RATON LAVEUR

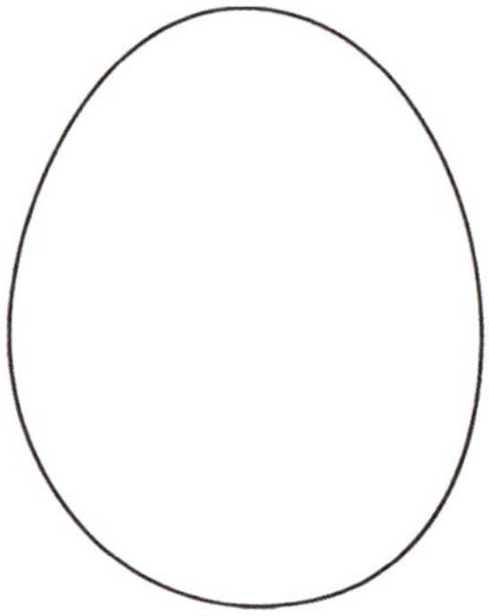

1. Trace un ovale.

2. Dessine un visage en forme de cœur, les yeux et le nez.

3. Esquisse des triangles pour les oreilles, les bras et les jambes.

4. Ajoute un ovale pour le ventre, puis une queue touffue.

5. Colorie et fais-lui des accessoires.

Dessine ton propre raton laveur.

Ces ratons laveurs portent des accessoires japonais. Et le tien, que portera-t-il?

VACHE

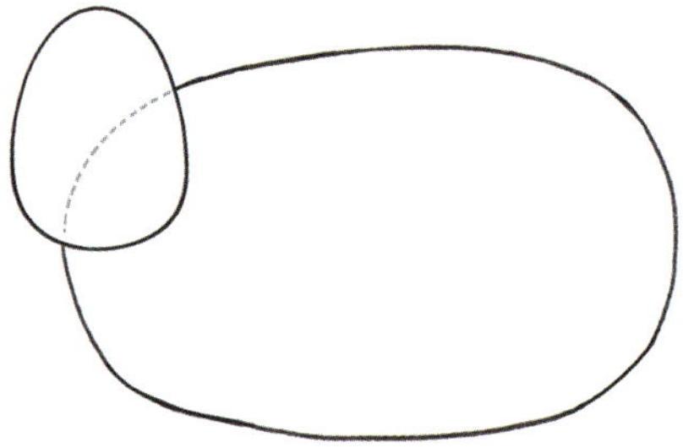

1. Trace deux ovales.

2. Dessine le visage
et deux formes en goutte d'eau
pour les oreilles.

3. Fais quatre rectangles pour
les pattes et ajoute les sabots.

4. Ajoute la queue, les taches
et une touffe de poils sur sa tête.

5. Termine avec les couleurs
et un accessoire.

À ton tour !

Remplis ce champ avec toutes sortes de vaches.

PANDA

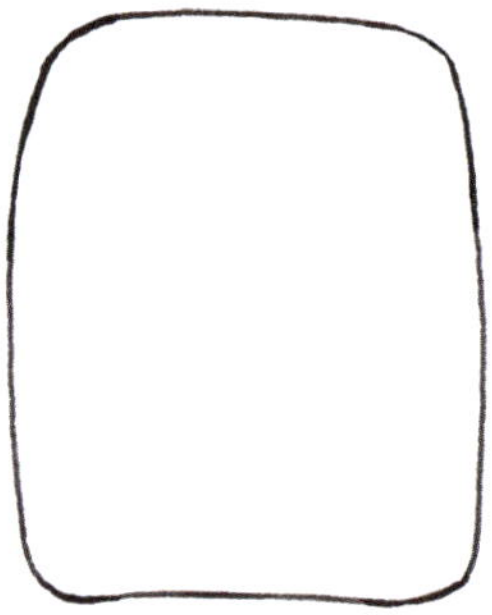

1. Trace un rectangle.

2. Fais deux ronds pour les oreilles.

3. Dessine deux triangles arrondis pour les pieds et deux ovales pour les bras.

4. Ajoute des yeux en forme de haricot, le nez et une rayure courbe.

5. Colorie.

Dessine ton propre panda ici.

Dessine différents pandas à partir de ces formes.

Bébé panda

Panda grassouillet

Panda trapu

Panda allongé

KANGOUROU

1. Fais un triangle pour le corps et un pour la tête (mais le nez est carré).

2. Dessine l'œil, le nez, un nœud papillon et deux ovales pour les oreilles.

3. Trace deux rectangles pour les pattes, deux triangles pour les pieds et un triangle pour le bras.

4. Ajoute la queue et la poche avec un bébé dedans.

5. Termine par les couleurs.

À toi de jouer !

Dessine une famille de kangourous en partant de ces formes de base.
Essaie de dessiner un bébé kangourou.

OISEAU

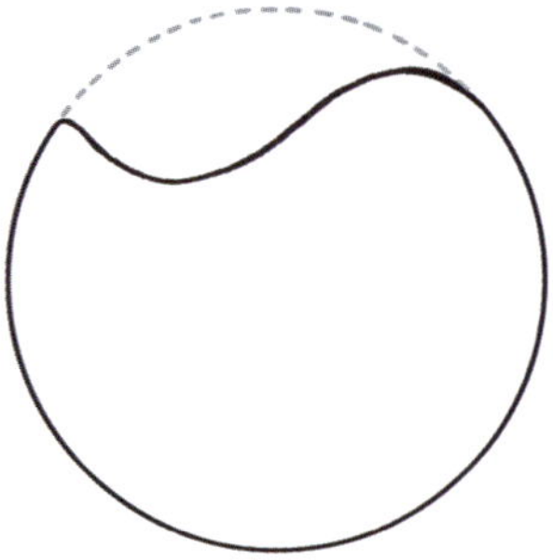

1. Dessine un cercle avec un creux en haut pour le corps.

2. Ajoute un œil, le bec, un nœud papillon et un trait pour délimiter le ventre.

3. Fais des traits pour les pattes.

4. Esquisse une aile triangulaire ornée de petits cœurs et deux longues plumes pour la queue.

5. Choisis des couleurs vives.

C'est à toi!

Dessine toutes sortes d'oiseaux perchés sur des branches.
Essaie de partir de formes rectangulaires ou carrées pour obtenir différents oiseaux.

GORILLE

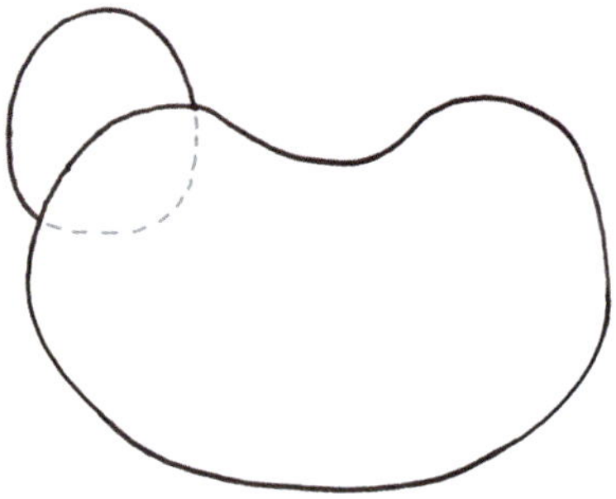

1. Dessine une forme de haricot et un ovale.

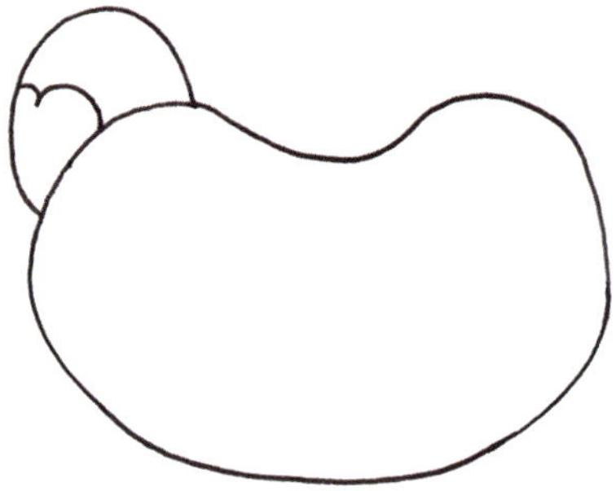

2. Fais un visage en forme de cœur.

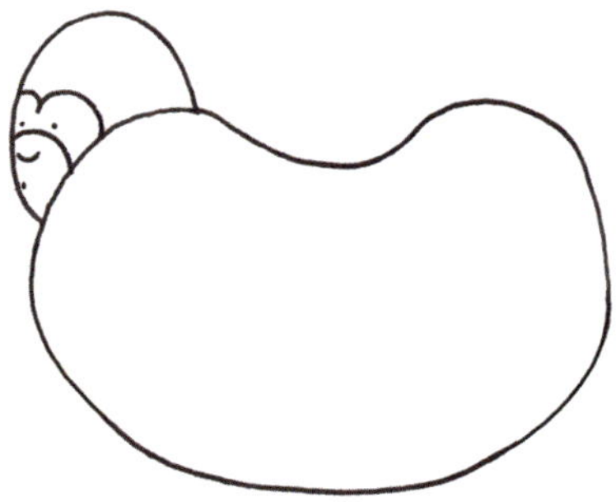

3. Trace des lignes courbes pour le nez, puis des points pour les yeux et la bouche.

4. Ajoute trois triangles arrondis pour les pattes et un chapeau.

5. Pour terminer, colorie la fourrure.

Essaie !

Dessine d'autres gorilles en train de faire de la gym.

MOUTON

1. Dessine un rectangle bouclé.

2. Fais un ovale pour la tête.

3. Esquisse une corne recourbée.

4. Ajoute un point pour l'œil, un trait pour le nez et quatre pour les pattes.

5. Termine en coloriant la toison.

À toi de jouer !

Dessine tout un troupeau de moutons amusants.
Essaie de leur donner différentes sortes de toisons.

Mouton
à poils longs

Mouton
à quatre cornes

Mouton à tête
de lapin

RENARD

1. Trace un rectangle arrondi
et un triangle.

2. Dessine des oreilles
triangulaires, un point pour
l'œil, un gros nez et une ligne
courbe pour délimiter la figure.

3. Fais quatre triangles
pour les pieds.

4. Ajoute des poils sous
les oreilles et une queue touffue.

5. Colorie.

Dessine ton renard ici.

Remplis cette page de renards en train de faire la fête.
Pourquoi ne pas donner un instrument à chacun d'eux
pour qu'ils puissent rejoindre l'orchestre ?

FOURMILIER

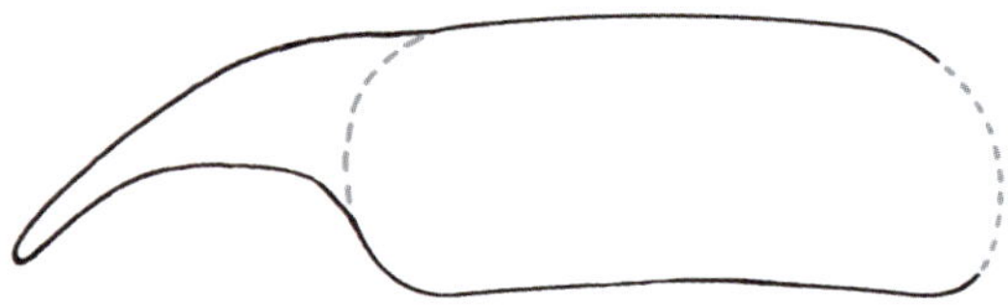

1. Dessine un rectangle et un triangle incurvé.

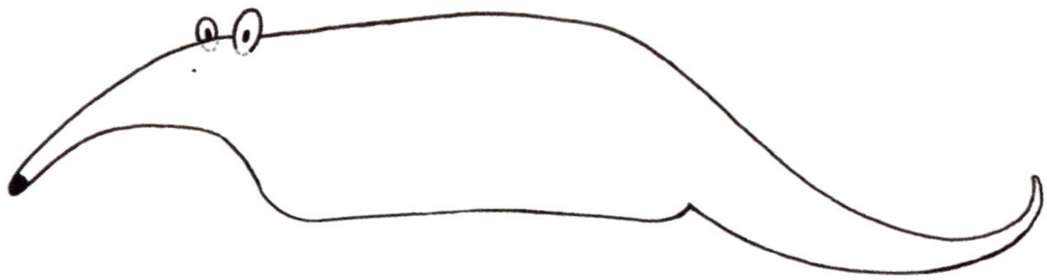

2. Fais le nez, un œil et deux ovales pour les oreilles, puis une longue queue.

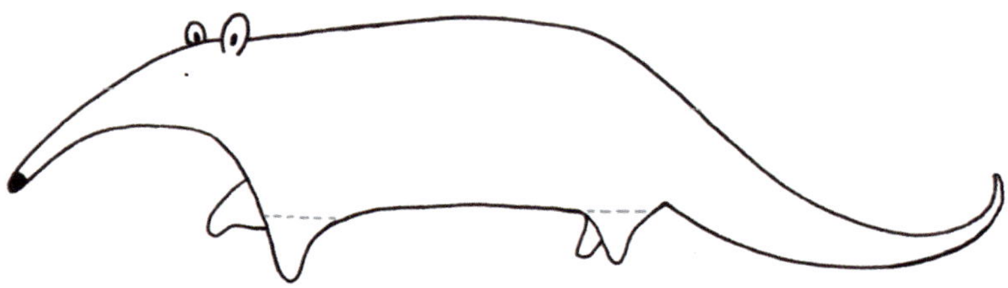

3. Trace quatre triangles pour les pieds.

4. Ajoute des marques sur le pelage.

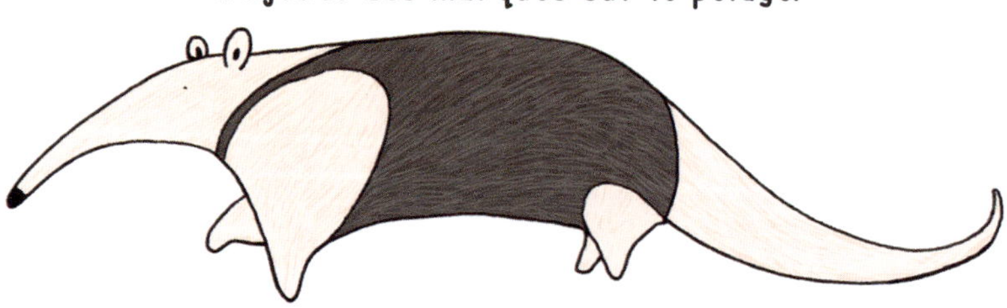

5. Finis par le coloriage.

Pourquoi ne pas inventer des motifs amusants
pour le pelage de tes fourmiliers?

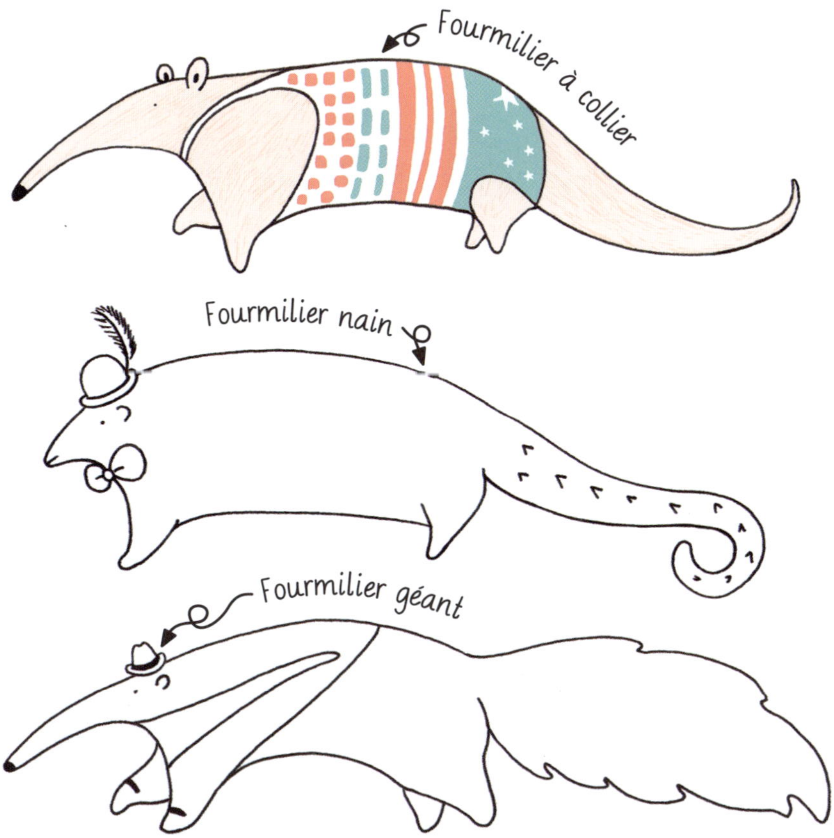

MAMMOUTH

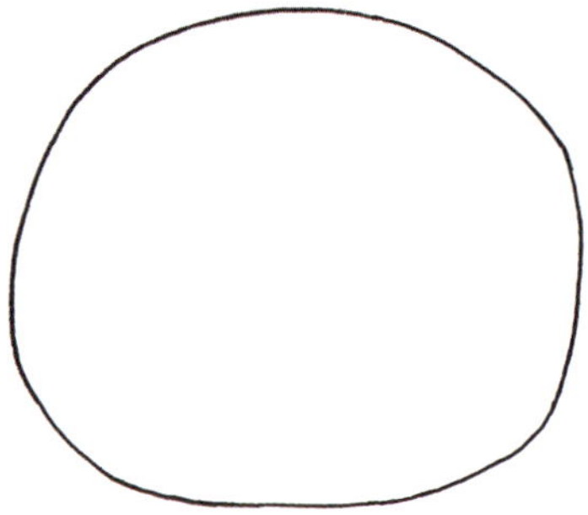

1. Trace un cercle.

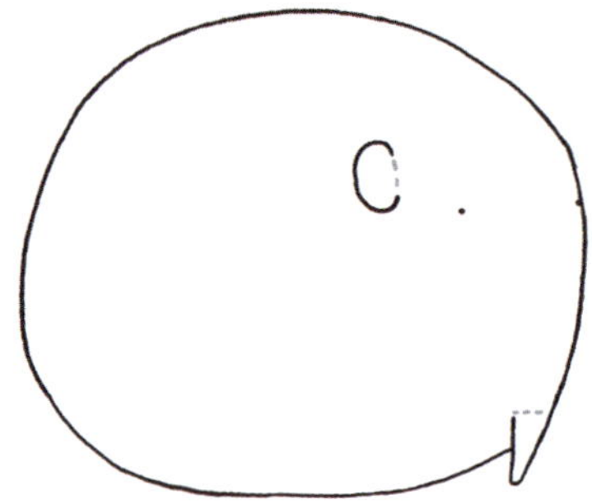

2. Dessine des yeux, une oreille ovale et une trompe triangulaire.

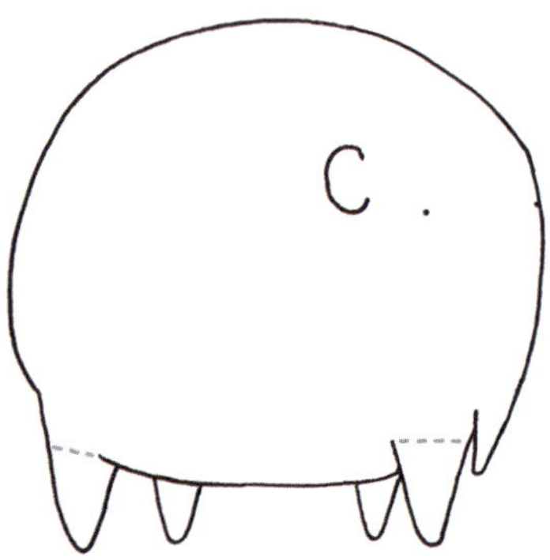

3. Esquisse quatre triangles arrondis pour les pattes.

4. Ajoute deux défenses incurvées et une crinière.

5. Colorie le tout.

C'est à toi!

Varie les formes de base pour obtenir des mammouths différents,
mais n'oublie pas de leur faire une belle coiffure.

TIGRE

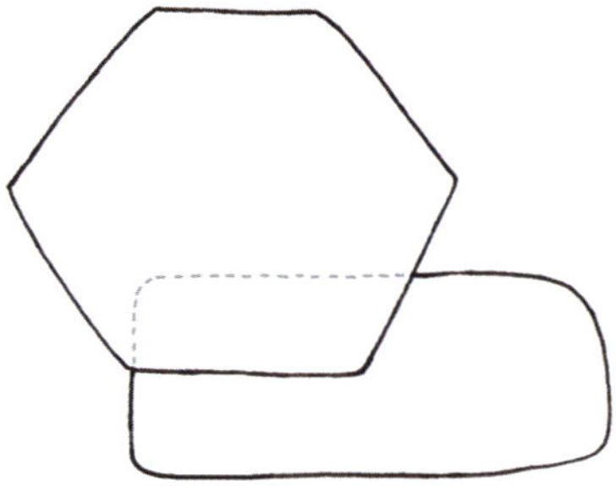

1. Fais un hexagone
et un rectangle.

2. Dessine des points pour les yeux, un nez
en forme de cœur et les contours du visage.

3. Trace des ronds pour les oreilles,
des ovales pour les pattes
et une longue queue.

4. Ajoute les rayures
et un chapeau haut-de-forme.

5. Choisis un orange vif
pour colorier la fourrure.

C'est à toi!

Utilise ces formes pour dessiner des tigres dans différentes poses.
Tu peux essayer de dessiner des taches, plutôt que des rayures,
pour obtenir un léopard ou encore ajouter une crinière pour dessiner un lion.

COCHON

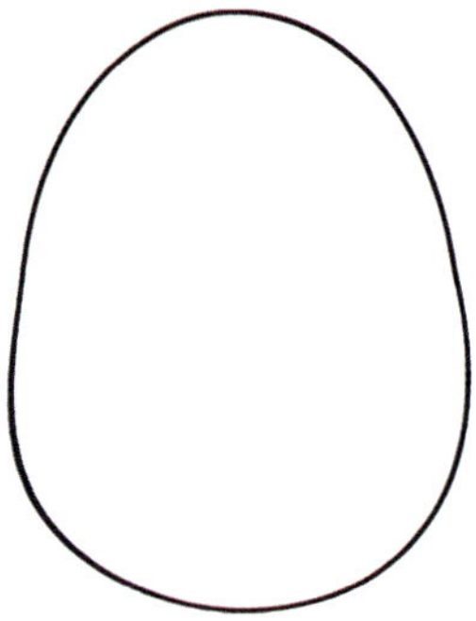

1. Trace un ovale.

2. Fais des oreilles en forme de goutte d'eau.

3. Dessine les sourcils, des points pour les yeux et le groin.

4. Ajoute quatre pattes triangulaires dotées de sabots pointus et un chapeau.

5. Colorie avec des couleurs vives.

À toi d'essayer !

Amuse-toi à varier les motifs et les costumes
pour créer une troupe de cochons festifs.

Cochon décontracté

Cochon chic

Cochon avec une permanente

ÉCUREUIL

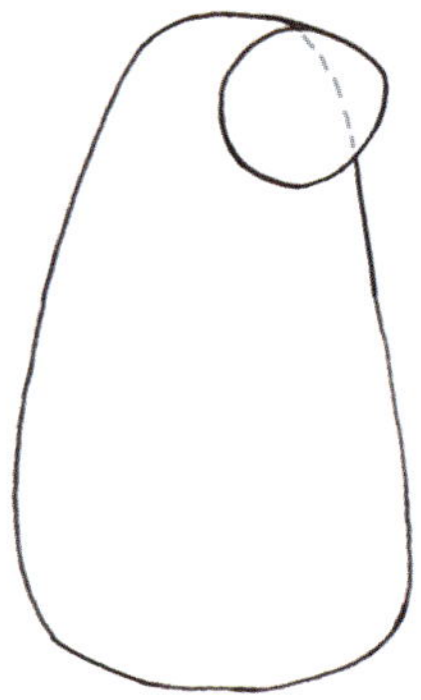

1. Trace un ovale et une grande forme de goutte d'eau.

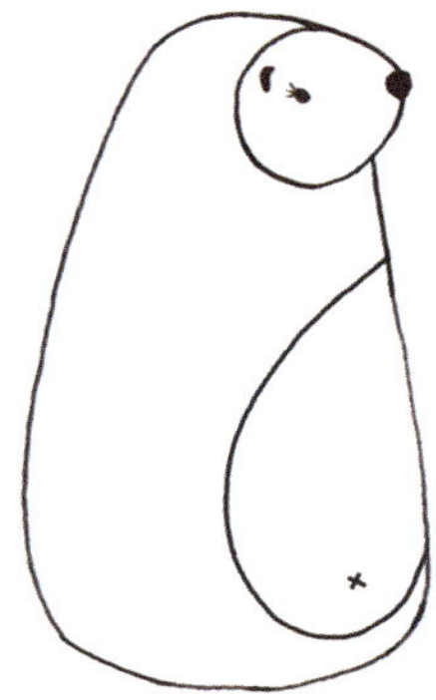

2. Ajoute le visage, le ventre et le nombril.

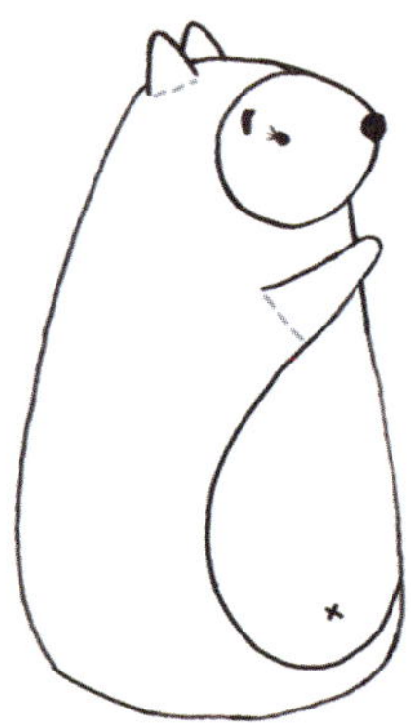

3. Dessine des triangles pour les oreilles et les bras.

4. Ajoute un ovale pour la patte, deux formes de saucisse pour les pieds et la queue en panache.

5. Termine en dessinant la fourrure épaisse.

Dessine ton propre écureuil ici.

Dessine d'autres écureuils ici. Pourquoi ne pas ajouter des noisettes et quelques champignons pour compléter le décor ?

SCONSE

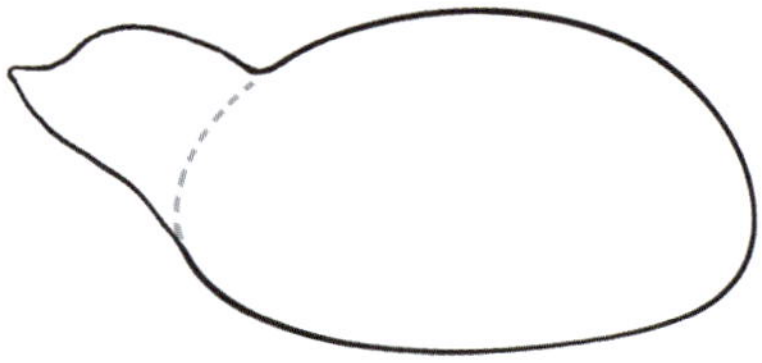

1. Trace un ovale pour le corps, puis la tête avec un museau pointu.

2. Fais des pattes triangulaires.

3. Ajoute une touffe de poils sur sa tête, une oreille, l'œil et le nez.

4. Dessine une queue épaisse et une large rayure le long du corps.

5. Colorie le corps en noir, en laissant la large rayure blanche.

C'est ton tour !

Qu'est-ce qu'on s'amuse à dessiner des sconses !
Essaie de varier les motifs des pelages.

LOUTRE

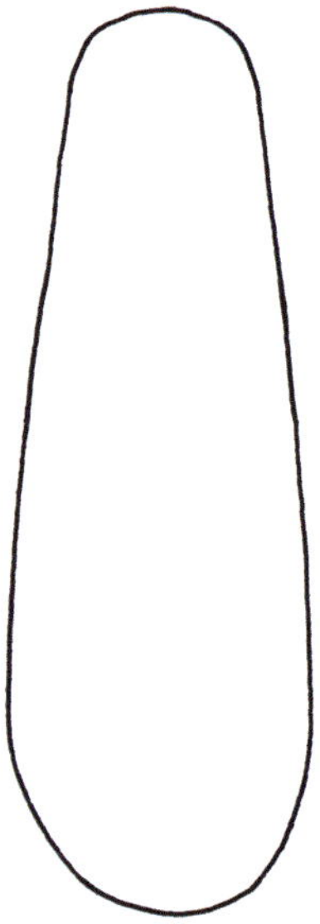

1. Trace un ovale allongé.

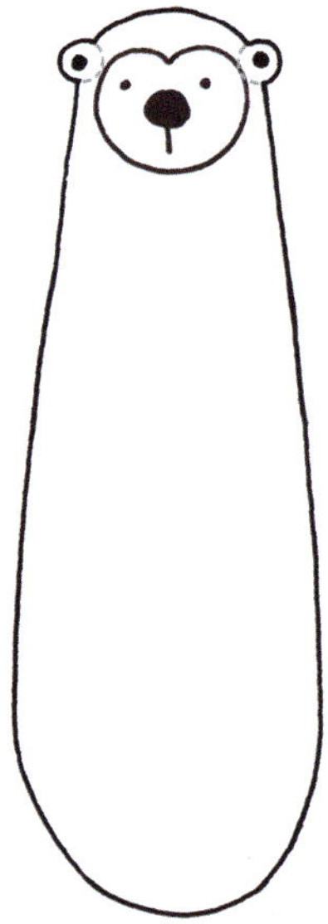

2. Dessine une figure en forme de cœur, des oreilles rondes, les yeux et le nez.

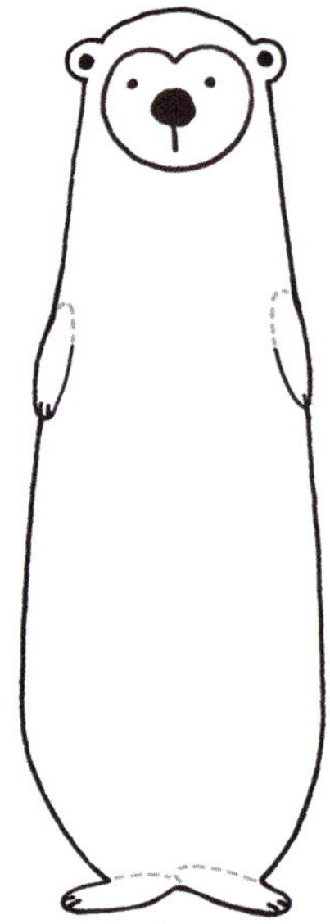

3. Fais quatre ovales pour les bras et les jambes.

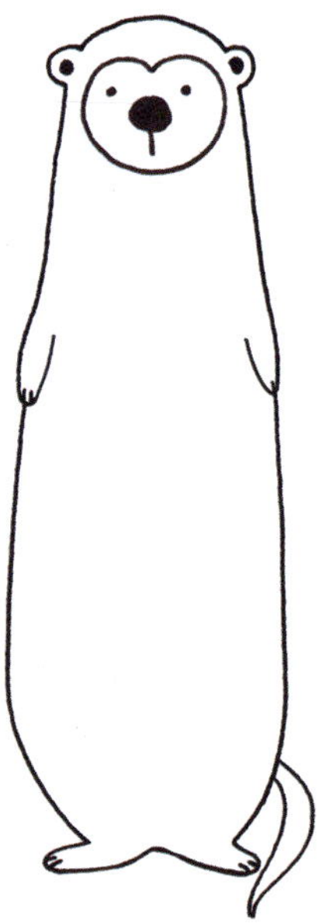

4. Esquisse une petite queue.

5. Finis en ajoutant de la couleur et un pull à col roulé bien confortable.

À toi d'essayer !

Dessine d'autres loutres en train de s'amuser dans l'eau.

POULE

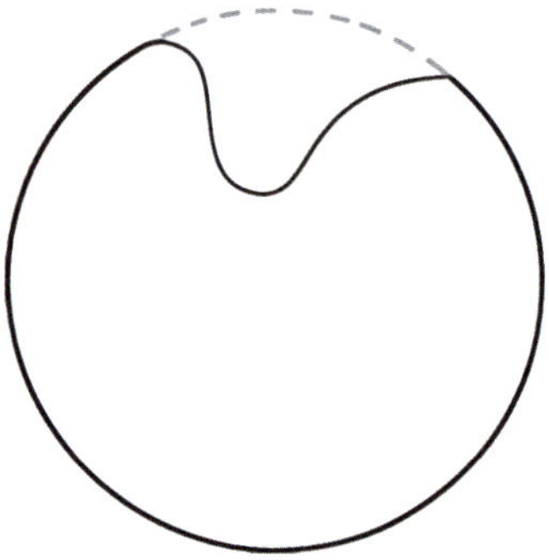

1. Dessine un cercle avec
un creux en haut pour le corps.

2. Fais un œil, le bec, la crête
et le barbillon.

3. Esquisse les ailes et une ligne
ondulée pour marquer le cou.

4. Trace deux traits pour les pattes.

5. Ajoute couleurs
et motifs pour les plumes.

Dessine une jolie petite poule.

Utilise ces formes pour dessiner d'autres poules,
et pourquoi pas un coq et des poussins !

CHIEN

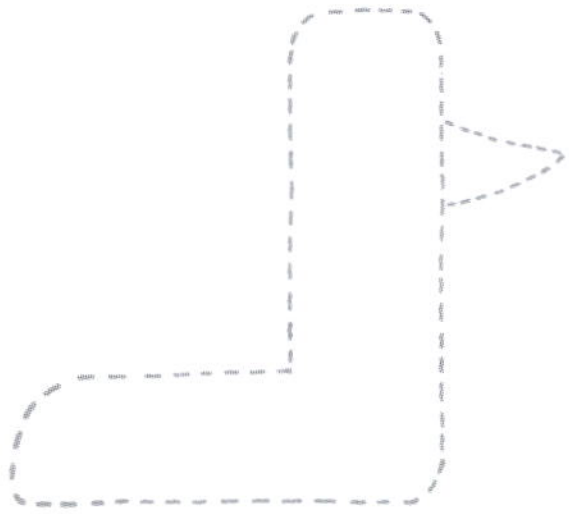

1. Fais un L inversé et un museau triangulaire.

2. Trace un rond bouclé pour la collerette, un trait incurvé pour le corps et un rectangle bouclé pour la tête.

3. Dessine des pattes triangulaires, un œil, le nez et une longue queue.

4. Ajoute un nœud papillon et des cercles frisés autour des pattes et de la queue.

5. Termine avec les couleurs et un motif amusants.

À ton tour, dessine un joli chien.

Combien de races de chiens peux-tu dessiner sur cette page?
Saurais-tu dessiner un petit teckel ou un énorme danois?

LAPIN

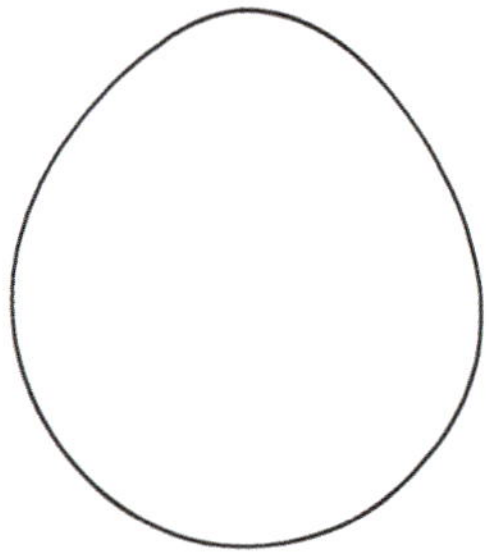

1. Trace un ovale.

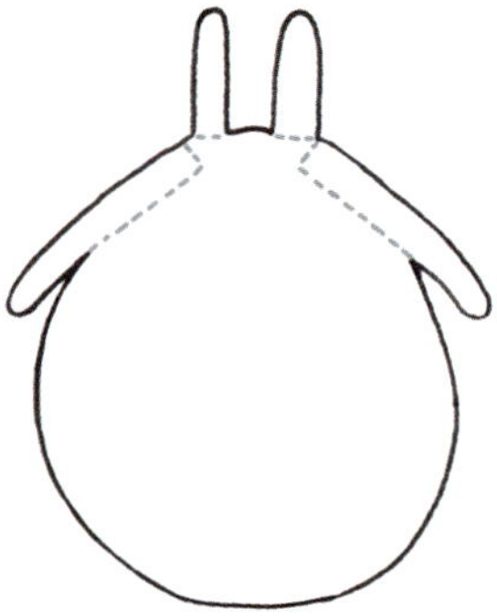

2. Dessine deux formes de saucisse pour les oreilles et deux pour les bras.

3. Esquisse des pieds triangulaires, une queue touffue et un ventre bien rond.

4. Ajoute les yeux, le nez et un nœud papillon.

5. Colorie.

Essaie !

Utilise ces formes pour dessiner d'autres adorables lapins.
Fais à chacun un joli costume.

KOALA

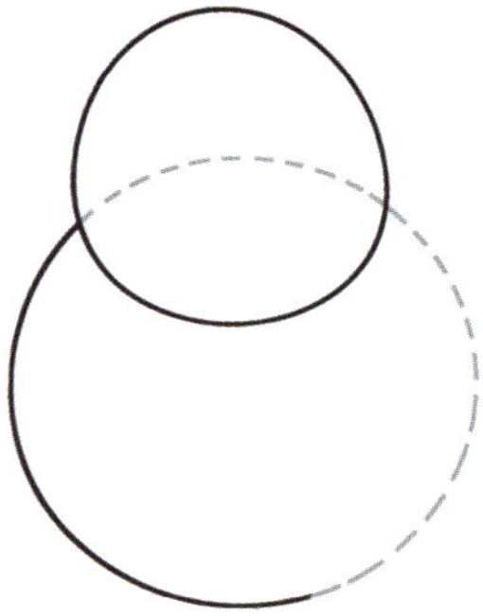

1. Trace deux cercles.

2. Dessine des oreilles duveteuses, les sourcils, les yeux et le nez.

3. Fais un ovale pour la patte arrière et une forme de saucisse pour le pied.

4. Ajoute un triangle arrondi pour le bras, puis des griffes et un chapeau.

5. Accessoirise et colorie à ta guise.

À toi d'essayer !

Dessine un mignon koala
sur chaque branche de l'arbre.

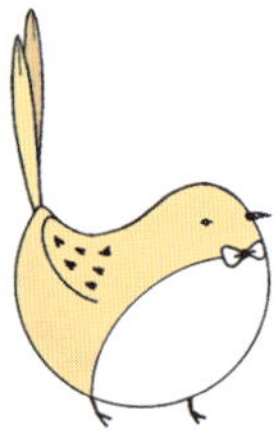

www.lulumayo.com @lulumayoart @lulu_mayo_art

Titre original en langue anglaise : *How to Draw a Unicorn & Other Cute Animals*

Illustrations de Lulu Mayo

Textes de Sophie Schrey

Première publication en Grande-Bretagne en 2018
par Michael O'Mara Books Limited

Création graphique : Jack Clucas

61, bd Saint-Germain
75240 Paris Cedex 05
www.editions-eyrolles.com

Traduction française : Brigitte Quentin

ISBN : 978-2-212-67694-5

Dépôt légal : octobre 2018
Imprimé en Chine